AF312824

VENTE A PARIS

Le Mercredi 24 Mai 1905

Hôtel Drouot, Salle N° 8

COLLECTION LÉON MOREL

MONNAIES D'OR

FRANÇAISES ET ÉTRANGÈRES

JETONS

COMMISSAIRE-PRISEUR :

Mᵉ MAURICE DELESTRE

5, RUE SAINT-GEORGES

EXPERT :

M. ÉTIENNE BOURGEY

19, RUE DROUOT

MONNAIES D'OR

FRANÇAISES ET ÉTRANGÈRES

JETONS

VENTE AUX ENCHÈRES PUBLIQUES

A PARIS, HÔTEL DES COMMISSAIRES-PRISEURS, RUE DROUOT, 9.

SALLE N° 8, AU 1er ÉTAGE

LE MERCREDI 24 MAI 1905

A 2 HEURES PRÉCISES

EXPOSITION UNE HEURE AVANT LA VENTE

COMMISSAIRE-PRISEUR :

Mᵉ MAURICE DELESTRE

5, RUE SAINT-GEORGES

EXPERT :

M. ÉTIENNE BOURGEY

19, RUE DROUOT

PARIS

Exposition particulière :

Le mardi 23 Mai, chez M. Étienne BOURGEY, expert, 19, rue Drouot. (Téléphone 274-64).

Exposition publique :

Le mercredi 24 Mai, Hôtel des ventes, salle 8, une heure avant la vente.

―――――――

La vente aura lieu au comptant

Les acquéreurs paieront dix pour cent en sus des enchères.

L'exposition mettant les acheteurs à même de juger de l'état des pièces, aucune réclamation ne sera admise aussitôt l'adjudication prononcée.

M. Étienne BOURGEY, 19, rue Drouot, se charge aux conditions habituelles (5 o/o sur la limite) des commissions qui lui seront confiées.

L'ordre du catalogue sera suivi ou non. L'expert se réserve le droit de diviser ou de réunir les lots.

MACON, PROTAT FRÈRES, IMPRIMEURS.

COLLECTION LÉON MOREL

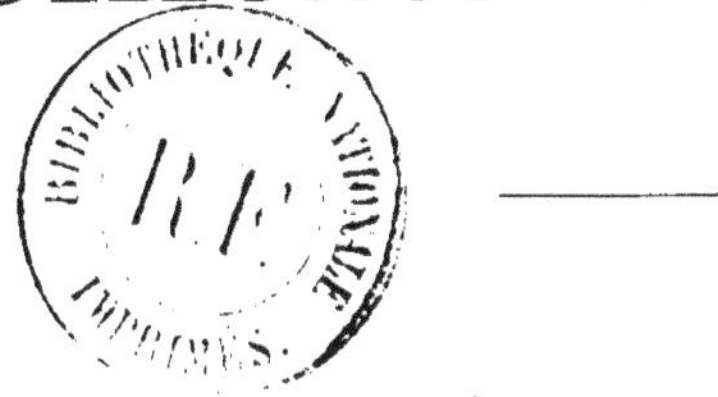

MÉROVINGIENS

1 **Clotaire II** (613-629). *Tiers de sou d'or*. VICTORIA.CLOT. Buste diadémé à dr. R⁄. CHLOTARIVS REX. Croix haussée entre v—c (frappé à Uzès). 1 gr. 20. Rare. B.

TROISIÈME RACE [1]

2 **Philippe III** (1270-1285). *Masse d'or*. PHILIPP ! DEI ! GRA ! FRACHORV ! REX. Le roi assis sur un trône orné de têtes de lion, tenant un sceptre fleurdelisé et une fleur de lis. R⁄. + XPC ! VICIT ! XPC ! REGNAT ! XPC ! IMPERAT. Croix feuillue cantonnée de 3 lis (Hoffmann 3). TB. Rare.

3 **Philippe IV le Bel** (1285-1314). *Agnel d'or*. + AGN' DI QVI TOLL' PECĀ MVDI MISERERE NOB'. Agneau pascal nimbé; derrière lui, une croix feuillue avec pennon. Au-dessous : PH'REX. R⁄. + XPC.VINCIT.XPC.REGNAT. XPC.IMPERAT. Croix feuillue dans une rosace cantonnée de lis (H. 1). TB.

4 **Charles IV** (1322-1328). *Agnel d'or*. Type de l'agneau ; dessous KL'REX et X sous l'R (H. 1). TB.

5 **Philippe VI** (1328-1350). *Écu d'or*. + PHILIPPVS.DEI ∘ GRA ∘ FRANCORVM. REX. Le roi, tenant une épée et un écu aux fleurs de lis, assis sur une chaise gothique ; le tout dans une rosace. R⁄. + XPC ⚹ VINCIT ⚹ XPC ⚹

---

1. Les numéros entre parenthèses se rapportent à l'ouvrage d'Hoffmann : *Monnaies Royales de France*.

REGNAT ✠ XPC ✠ IMPERAT. Croix feuillue dans une rosace cantonnée de 4 tréfles (H. 3). B.

6 *Ange d'or*. PHILIPPVS:D'.GRA:FRA':REX. Sous un dais gothique : ange couronné, debout sur un dragon et tenant une croix à long pied et un écu à 3 fleurs de lis; le tout dans une rosace. R. + XPC : VINCIT : XPC : REGNAT : XPC : IMPERAT. Croix feuillue dans une rosace fleurdelisée, cantonnée de 4 couronnes (H. 12). TB.

7 *Chaise d'or*. + PHILIPPVS ✠ DEI ✠ GRACIA ✠ FRANCORVM ✠ REX. Le roi tenant un sceptre et une main de justice, assis sur un siège gothique, le tout dans une rosace. R. + : XPC : VINCIT : XPC : REGNAT : XPC : IMPERAT. Croix arquée, évidée et feuillue, dans une rosace cantonnée de 4 couronnelles (H. 14). TB.

8 **Jean le Bon** (1350-1364). *Mouton d'or*. + AGN'.DEI.QVI.TOLL PECA.MVDI. MISERERE.NOB.Agneau pascal nimbé, au-dessous : IOH'.REX ; le tout dans une rosace. R. + XPC.etc. Croix feuillue cantonnée de 4 fleurs de lis, dans une rosace cantonnée de 4 fleurs de lis (H. 3). TB.

9 — Variété d'un autre coin. B.

10 *Royal d'or*. IOHANNES : DEI : GRA : FRANCORV. Le roi tenant un sceptre, debout sous un dais gothique. R. XP'C : etc. Croix arquée, évidée et feuillue cantonnée de 4 lis, dans une rosace (H. 7). FDC.

11 — IOHES : DEI : GRA : FRANCORV : REX. Même type (H. 8). TB.

12 — La même pièce. B.

13 *Franc à cheval* (lis) IOHANNES : DEI : GRACIA : FRANCORV : REX. Le roi vêtu d'une cuirasse fleurdelisée et l'épée haute, à cheval au galop, le cheval couvert d'une housse fleurdelisée. R. + XPC : etc. Croix feuillue dans une rosace cantonnée de 4 tréfles (H. 10). TB.

14 — La même pièce. B.

15 — La même pièce. AB.

16 — La même pièce. AB.

17 **Charles V** (1364-1380). *Franc à pied*. KAROLVS.DI.GR.FRANCORV.REX (les mots séparés par des croisettes). Le roi, tenant une épée et la main de justice debout sous un dais gothique. R. + XPC etc. (les mots séparés par des étoiles). Croix feuillue cantonnée de 2 fleurs de lis et 2 couronnelles, le tout dans une rosace cantonnée de 8 fleurs de lis (H. 2). TB.

18 — La même pièce. B.

19 — La même pièce. B.

20 — Variété. Les mots du droit séparés par des étoiles (H. 2). B.

21 — Autre variété. Les mots du droit séparés par des points (H. 2).B.

22 — Variété avec FRANCOR. Les mots séparés par des étoiles (H. 2). TB.

23 *Franc à cheval* (lis). KAROLVS DEI ⸲GRACIA ⸲FRANCORV ⸲REX. Le roi coiffé
d'un casque à couronne et vêtu d'une cotte d'armes fleurdelisée, sur
un cheval galopant à g. et recouvert d'une housse fleurdelisée. R⥊.
+ XPC. etc. Croix feuillue dans une rosace fleuronnée et cantonnée
de 4 trèfles (H. 4). TB.

24 — (lis) KAROLVS ⸲DEI GRACIA ⸲FRACOR ⸲REX. Même type (H. 4). B.

25 **Charles VI** (1380-1422). *Écu d'or.* + KAROLVS DEI GRACIA FRANCORVM
REX (les mots séparés par des doubles croisettes). Écu de France couronné. R⥊. + XPC. etc. (les mots séparés par des étoiles). Croix
arquée, évidée et fleurdelisée dans une rosace fleurdelisée, cantonnée
de 4 couronnelles (H. 1). TB.

26 — La même pièce. TB.

27 — La même pièce. B.

28 — La même pièce. B.

29 — La même. Point sous la 4ᵉ lettre (Montpellier). TB.

30 — Autre. Point sous la 9ᵉ lettre (Limoges). TB.

31 — Autre. Point sous la 15ᵉ lettre (Rouen). TB.

32 — Autre. Point sous la 17ᵉ lettre (Saint-Quentin). TB.

33 — La même de Saint-Quentin. TB.

34 — Autre. Point sous la 20ᵉ lettre (Saint-André de Villeneuve). TB.

35 — Autre de Saint-André de Villeneuve-lès-Avignon. FDC.

36 — Variété. Les croisettes et les étoiles remplacées par deux points. TB.

37 **Henri VI d'Angleterre** (1422-1453). *Salut d'or.* (couronne) HERICVS . DEI :
GRA : FRACORV : Z : AGLE : REX. Écus accostés de France et d'Angleterre.
Derrière, l'annonciation de l'ange Gabriel, de profil, à la sainte Vierge.
Au milieu, le mot AVE. R⥊. (couronne) XPC : etc. Croix à long pied
entre un lis et un léopard dans une rosace. Au bas, H. (H. 2, variété).
TB., mais troué.

38 (Agneau pascal) HENRICVS ✠ DEI ✠ GRA ✠ FRACORV ✠ Z ✠ AGLIE ✠ REX. Même
type, mais l'ange est de face. R⥊. (agneau) XPC. etc. les mots séparés
par des étoiles ; frappé à Amiens (H. 3). AB.

39 **Charles VII** (1422-1461). *Agnel* + AGN : DEI : QVI : TOLL'.PECAT'.MVDI :
MISE'.NOBIS. Agneau pascal nimbé devant une croix tréflée avec pennon ; au-dessous : K.F.RX. le tout dans une rosace. R⥊. XPC× etc. Croix
feuillue, cantonnée de 4 lis, dans une rosace cantonnée de 8 lis. Point
sous la 18ᵉ lettre (Paris). (H. 1). B.

40 *Écu d'or à la couronne.* (couronnelle) KAROLVS : DEI : GRA : FRANCORVM :
REX.Écu de France couronné, accosté de deux lis couronnés. Point
sous la 4ᵉ lettre (Tours). R⥊. (couronnelle) XPC etc. Croix feuillue,
cantonnée de 4 couronnelles dans une rosace (H. 6). B.

41 — Autre. Point sous la 15ᵉ lettre (Reims). TB.

42 — Autre. Point sous la 19ᵉ lettre (Saint-Lô). B.

43 *Demi-écu à la couronne.* (couronnelle) KAROLVS : DEI : GRA : FRANCORV :
REX. Écu de France couronné. Point sous la 15e lettre (Rouen). R̸.
(couronnelle). XPC : VINCIT : REGNAT : ET : IMPERAT. Croix feuillue (H.
8). TB.

44 *Royal d'or.* + KAROLVS : DEI GRA FRANCOV REX. Le roi tenant son sceptre
et une main de justice, debout et vêtu d'un manteau fleurdelisé ; le
champ semé de lis. R̸. + XPC : VINCIT : XPC : REGNAT : XPC : INPER. Croix
feuillue dans une rosace cantonnée de 4 couronnelles (H. 9). AB.

45 **Louis XI** (1461-1483). *Écu d'or au soleil.* (couronnelle) LVDOVICVS (trèfle)
DEI § GRA § FRANCORVM § REX. Point sous la 5e lettre (Toulouse). R̸.
(couronnelle) XPS (trèfle) VINCIT § XPS § REGNAT § XPC § INPERAT. Croix
fleurdelisée (H. 1). TB.

46 — La même pièce. Belle.

47 (Couronnelle) LVDOVICVS § DEI § GRA § FRANCORVM ₒ REX. Écu de France
accosté de deux lis couronnés. Point sur la 4e lettre (Montpellier). R̸.
(couronnelle) XPC § VINCIT § XPC § REGNAT § XPC § IMPERAT . Croix
feuillue cantonnée de 4 couronnes dans une rosace. TB., mais fendu.

48 **Charles VIII** (1483-1497). *Écu au soleil.* (couronnelle) KAROLVS §
DEI § GRA § FRANCORV § REX (tour). Écu de France surmonté d'un
soleil. R̸. (couronnelle) XPS § VINCIT § XPS § REGNAT § XPS § IMPERAT
(tour), point sous la 6e lettre (Tours). Croix fleurdelisée (H. 2). B.

49 — Autre (lis) KAROLVS § DEI § GRA § FRANCORVM § REX. Point sous la
8e lettre (Poitiers). Écu de France surmonté d'un soleil. R̸. (lis)
XPS § etc. Croix fleurdelisée. B.

50 — Variété. Les légendes commencent par un lis et finissent par un B
(frappé à Bourges). TB.

51 — (Lis entre deux étoiles et une ancre.) Mêmes lég. et type. R̸. (Même
différent) XPS § VINCIT § XPS § REGNAT § ET § IMPERAT . Même croix. B.

52 *Écu au soleil pour la Bretagne.* R § CAROLVS § DEI § GRA § FRANCORVM §
REX §. Écu de France accosté de deux hermines couronnées et surmonté d'un soleil. R̸. XPS § VINCIT § XPS § REGNAT § XPS § IMPERAT. Croix
fleurdelisée, cantonnée de 4 hermines couronnées (frappé à Rennes).
(H. 7). TB.

53 *Écu d'or.* (cœur et dauphin) KAROLVS § DEI § GRA § FRANCORVM § REX. Champ
écartelé de France et Dauphiné. Au-dessus, un soleil. R̸. (couronnelle. XPS § etc. avec IPERAT. Croix fleurdelisée (n'est pas dans
Hoffmann). TB.

54 **Louis XII** (1497-1515). *Écu au soleil.* (lis couronné) LVDOVICVS DEI GRA-
CIA § FRANCORVM § REX. Écu de France surmonté d'un soleil. R̸. (lis
couronné) XPS § VINCIT § XPS § REGNAT § XPS § IMPERAT. Croix fleurdelisée.
Point sous la 9e lettre (La Rochelle) (H. 1). TB.

55 — Variété. Annelets entre tous les mots ; trèfle et annelet après REX et

IMPERAT; les N retournés. Point sous la 12ᵉ lettre des légendes (Lyon). TB.

56 — Autre avec FRANCORV⸱REX (trèfle). Au ℞. annelet avant XPS et trèfle après IMPERAT. Point sous les 12ᵐᵉˢ lettres (Lyon). TB.

57 — La même pièce (Lyon). TB.

58 — La même pièce (Lyon). B.

59 — Variété. Le point sous la 12ᵉ lettre de la légende du revers seulement (Lyon). B.

60 — Autre. Les légendes terminées par des tours et 3 points. Points sous les 6ᵐᵉˢ lettres (Tours). B.

61 *Écu au soleil de Bretagne.* (hermine) LVDOVICVS⸱D⸱G⸱FRANCORV⸱REX⸱ BRITONV⸱DVX⸱. Écu de France; au-dessous, un soleil; de chaque côté, une hermine couronnée. ℞. (hermine) DEVS⸱IN⸱ADIVTORIVM⸱ MEVM⸱INTENDE⸱N⸱ Croix fleurdelisée, cantonnée de 4 hermines couronnées (Nantes) (H. 4). B.

62 *Écu aux porcs-épics.* + LVDOVICVS⸱DEI ⁝ GRA⸱FRANCORVM⸱REX. Écu de France couronné, accosté de deux porcs-épics. ℞. + XPS⸱VINCIT⸱ XPS⸱REGNAT⸱XPS⸱IMPRAT. Croix tréflée, cantonnée de 2 porcs-épics et de deux L. Points sous les 4ᵐᵉˢ lettres (Montpellier) (H. 6). Beau.

63 *Écu au soleil, Dauphiné.* (lis couronné) LVDOVICVS : DEI : GRA : FRANCORV : REX : R. Champ écartelé de France et Dauphiné. Au-dessus, un soleil. Point sous la 3ᵉ lettre (Romans). ℞. (lis couronné) XPS : VINCIT : XPS : REGNAT : XPS : IMPERAT. Croix fleurdelisée au centre, une rosace (manque à Hoffmann). TB.

64 — Variété avec les s retournés. Point sous la 2ᵉ lettre du droit (Romans) (manque dans Hoffmann). TB.

65 — Variété. L'x de REX couvert par une étoile. Un point sous la 2ᵉ et la 3ᵉ lettre. ℞. (couronnelle) XPS : VICIT : XPS : RENAT : XPS : IMPERAT. Même croix. Au centre, une fleur de lis. TB.

66 **François Iᵉʳ** (1515-1547). *Écu au soleil.* + : R (croissant sous une nef) FRANCISCVS : D : G : FRANCOR : REX : Écu couronné. Au-dessus, un soleil dans la légende; dessous : K. ℞. + R (nef et croissant) : XPS : VINCIT : XPS : REGNAT : XPS : INPER. Croix fleurdelisée; dessous : K. (Bordeaux) (manque à Hoffmann). TB.

67 *Écu au soleil.* + FRANCISCVS + DEI⸱GRA⸱FRANCORVM⸱REX ⚬ Écu de France surmonté d'un soleil. ℞. + XPS + VINCIT⸱XPS⸱REGNAT⸱XPS⸱ IMPERAT ⚬ Croix fleurdelisée, cantonnée aux 2 et 3 de 2 F couronnés. Points sous les 12ᵐᵉˢ lettres (Lyon) (H. 2). Beau.

68 — Variété avec + FRANCISCVS⸱DEI : GRACIA : FRANCORVM : REX (trèfle) et au ℞. + XPS⸱VINCIT + etc. et trèfle (Lyon). Beau.

69 Autre variété avec IMPERET (Lyon). Beau.

70 + FRANCISCVS : DEI : GRA : FRANCORVM : REX. Écu de France surmonté

d'un soleil. R⁄. + XPS : VINCIT : XPS : REGNAT : XPS : IMPERAT. Croix fleurdelisée, cantonnée de 2 F et 2 lis. Points sous les 18ᵐᵉˢ lettres (Paris) (variété d'H. 4). Beau.

71 — Autre. Rose et trèfle à la fin des légendes, et points sous les 12ᵐᵉˢ lettres (Lyon) (H. 4). Beau.

72 — Variété avec IMPERA (Lyon). TB.

73 + K. (nef sur un croissant) : FRANCISCVS : DEI :G : FRANCORVM : REX : Écu de France surmonté d'un soleil. R⁄. + K.(même nef) : XPS : etc. avec INPERAT. Même croix cantonnée de 2 F et 2 lis (Bordeaux) (variété de H. 4). TB.

74 + FRACISCVS : DEI : GRA : FRA : REX (une fontaine : et nef sur un croissant). Même écu. R⁄. + XPS : VICIT : X : REGNAT : X : IPERAT. (fontaine et nef). Croix fleurdelisée, cantonnée de 2 lis et 2 F (les cantons inversés) (Bordeaux). TB.

75 *Demi-écu d'or.* + FRANCISCVS.DEI.GRA.FRANCORV.REX.Même écu. R⁄. + + XPS.VINCIT.REGNAT.ET.IMPERAT. Même croix cantonnée de 2 lis et 2 F.(H. 5) B.

76 *Écu au soleil.* + FRANCISCVS : DEI : GRA : FRANCO' : REX. Écu de France surmonté d'un soleil et accosté d'un G et d'un lis. R⁄. + XPS : VINCIT : XPS : REGNAT : XPS : IMPER : Croix fleurdelisée cantonnée de 2 lis et 2 F couronnés. (H. 8). Beau.

77 *Écu à la croisette.* (soleil) FRANCISCVS : D : GRA : FRANCOR.REX. F+. Écu de France, dessous D. R⁄. +. XPS : VINCIT : XPS : REGNAT : XPS : IMPERAT +. Croix dans une rosace. Annelets sous les 12ᵐᵉˢ lettres (Lyon). (H. 12). TB.

78 (Soleil) FRANCISCVS : DEI : GRA : FRANCORVM (cœur) REX. Même écu, dessous D. R⁄. + XPS. etc. (cœur avant IMPERAT). Croix dans une rosace. Points sous les 15ᵐᵉˢ lettres (Rouen) (H. 12). TB.

79 *Écu du Dauphiné.* + .FRANCISCVS.DEI.GRA.FRACOR.REX. (R couronnée). Champ écartelé de France-Dauphiné ; en haut, un soleil. R⁄. R couronnée. XPS.VINCIT.XPS.RENAT.XPS.INPERAT.X.(dessous un annelet). Croix fleurdelisée (Romans) (H. 19). Beau.

80 (Couronnelle) + FRANCISCVS⸗DEI⸗GRACIA⸗FRANCORV⸗REX. Champ écartelé de France-Dauphiné ; en haut, un soleil. R⁄.(couronnelle) + XPS⸗VINCIT⸗XPS⸗RENAT⸗XPS⸗IMPERA. Croix fleurdelisée. Points sous les 1ʳᵉˢ lettres (Crémieu) (H. 19). TB.

81 + FRANCISCVS⸗DEI⸗GRA⸗FRACOR⸗REX○E (rose). Même type. R⁄. (rose) XPS⸗ etc., et INPERAT.Croix fleurdelisée, cantonnée aux 1 et 4 d'F couronnées (Grenoble, frappé par Étienne Nachon) (H. 20). Beau.

82 (Couronnelle) + FRANCISCVS⸗DEI⸗GRACIA⸗FRANCO⸗REX.Champ écartelé de France-Dauphiné ; en haut, un soleil. (Couronnelle) + XPS⸗ etc., et IMPERAT. Croix fleurdelisée, cantonnée aux 2 et 3 de couronnelles. Points sous les 1ʳᵉˢ lettres (Crémieu) (H. 21). B.

83 — Variété avec FRANC (Crémieu). AB.

84 (Couronnelle) + FRANCISCVS § DEI § GRA § FRANCO § REX. Même type. ℞.
(couronnelle) + XPS § etc., et IMPERAT. Croix fleurdelisée, cantonnée
aux 1 et 4 de couronnelles. Point sous les 1res lettres (Crémieu). Beau.

85 +. FRANCISCVS. DEI. GRA. FRACOR. REX. (R couronnée). Champ écartelé ;
au-dessous, un soleil. ℞. R couronnée. XPS. etc., et INPERAT (PL liés).
Croix fleurdelisée cantonnée de dauphins aux 1 et 4. Points sous les
2mes lettres (Romans. Louis Proust) (H. 23). TB. mais bord un peu
rogné.

86 *Écu de Bretagne.* (hermine) § FRANCISCVS § D § G § FRANCOR § REX § BRITANIE §
DVX § Écu de France surmonté d'un soleil et accosté d'un F et d'une
hermine couronnés. ℞. (hermine) § DEVS § IN § ADIVTORIVM § MEVM §
INTENDE § R § Croix fleurdelisée, cantonnée de 2 hermines et 2 F couronnées (Nantes) (H. 25). TB.

87 *Écu à la salamandre.* (soleil) FRANCISCVS. D. G. FRANCORVM. REX. A. Écu de
France accosté de 2 salamandres. A la pointe, la lettre H. ℞. + XPS.
VINCIT. XPS. REGNAT. XPS. IMPER. A. Croix fleurdelisée, cantonnée de deux
salamandres et de deux F. Dessous, une H. Points sous les 9mes lettres
(La Rochelle, André Cybot) (H. 27). B.

88 **Henri II** (1547-1559). *Double Henri d'or.* HENRICVS. II. D. G. FRAN. REX.
Buste cuirassé à dr. ℞. (soleil) DVM. TOTVM. COMPLEAT. ORBEM (ciboire)
1557. Croix formée par 4 H couronnées, deux croissants et deux lis
dans les angles. Au centre : B. Points sous les 15mes lettres (Rouen)
(var. de H. 26). AB. Rare.

89 *Henri d'or.* + HENRICVS ⚹ D ⚹ G ⚹ FRAN⚹REX. Même buste. ℞. (soleil)
DVM TOTVM ⚹ COMPLEAT ⚹ ORBM⚹1558. Même type. Au centre N (Montpellier) (H. 17). AB.

90 Même légende, points entre les mots, même buste. ℞. (soleil) DVM.
TOTVM. COPLEAT. ORBEM. 1552 (navire sur un croissant). Même type ;
au centre K ; dans les angles, 4 fleurs de lis (Bordeaux).

91 **Charles IX** (1560-1574). *Écu au soleil.* (soleil) CAROLVS. VIIII. D. G. FRANCO.
REX (ciboire) M. D. LXIIII. Écu de France. ℞. + CHRISTVS. REGNAT. VIN-
CIT. ET. IMPERAT. Croix fleurdelisée avec un B au centre. Point sous les
15mes lettres (Rouen) (H. 1). B.

92 (Soleil) CAROLVS. VIIII. D. G. FRANCOR. REX (feuille) MDLXV. Même pièce,
avec un T dans la croix (Sainte-Menehould). B.

93 (Soleil) CAROLVS VIIII D G FRANCO REX (pomme) 1566. Mêmes types,
avec IMPERA au revers et F dans la croix (Angers). TB.

94 (Soleil) CAROLVS. VIIII. D. G. FRANCOR. REX. Écu de France. ℞. + CHRIST.
REGNAT. VINCIT. ET. IMP. (couronne d'épines) 1567. Croix fleurdelisée
avec un B au centre (Rouen). B.

95 La même pièce datée 1569 (Rouen). B.

96 (Soleil) CAROLVS.VIIII.D.G.F.REX.M.DLXXIII.P.C.Écu de France. Point
sous la 5ᵉ lettre. R⌡. ✚ XPS.VINCIT.XPS.REGNAT.XPS.IMP. Croix fleurdelisée avec M au centre (Toulouse). B.

97 **Henri III** (1574-1589). (soleil) HENRICVS.III.D.G.FRANC.ET.POL.REX
(étoile). Écu de France. Point sous la 6ᵉ lettre. R⌡. CHRISTVS.REGNAT.
VINCIT.ET.IMPE. 1583. Quatre arcs de cercle disposés en croix fleurdelisée. E au milieu (Tours) (H. 4). AB.

98 HENRICVS.III.D.G.F (soleil) RANC.ET.POL.(cor de chasse) REX. Écu de
France, dessous B. R⌡. ✚.CHRISTVS.REGNAT.VINCIT.ET.IM.P. 1587.
Même type, un point au centre (Rouen) (H. 6). TB.

99 **Charles X** (1589-1590). *Écu au soleil.* CAROLVS.X.D.G.FR (soleil) ANCOR.
REX (rose) 1590. Écu de France; dessous, A. R⌡. ✚ CHRISTVS.REGNAT.
VINCIT.ET.IMPERAT. Croix fleuronnée et fleurdelisée. Points sous les
18ᵐᵉˢ lettres (Paris) (H. 1). B.

100 Autre avec un fer de lance devant la date 1593 (Paris). B.

101 **Henri IV** (1589-1610). *Écu au soleil.* HENRICVS.IIII.D : G (soleil) FRAN.
ET.NAVA.REX. Écu de France. R⌡. ✚ CHRISTVS.REGNAT.VINCIT.ET.
IMP (couronne) 1608. Croix fleurdelisée, B au centre (Rouen) (H.
5). TB.

102 **Louis XIII** (1610-1643). *Écu d'or.* (soleil) LVDOVIC.XIII.D.G.FRAN.ET.
NAVA.REX (soleil) 1615. Écu de France. R⌡. ✚ CHRS.VINCIT.CHRS.
REGNAT.CHRS.IMPERAT.Croix feuillue avec un C au centre (Saint-Lô)
(H. 2). TB.

103 Variété, avec IMPERᵀ (Saint-Lô). TB.

104 LVDOVICVS.XIII.D.G (soleil) FRAN.ET.NA.REX 1615. Écu de France.
R⌡. ✚ CHRISTVS.REGNAT.VINCIT.ET.IMPERAT. Croix à bras tortillés et
fleurdelisés, avec A au centre. Point sous la 18ᵉ lettre (Paris). TB.

105 (Soleil) LVDOVICVS.XIII.D.G.FRAN.ET.NAVA.REX. Écu de France. R⌡.
(rose) CHRISTVS.REGNAT.VINCIT.ET.IMP. 1635. Croix tortillée et fleurdelisée, A au centre (Paris) (H. 6). Très belle pièce.

106 LVDOVICVS.XIII.D : G (soleil) FRAN.ET.NAVA.REX. Écu de France. R⌡.
✚ CHRISTVS, etc. IMP (main) 1635. Même croix avec B (Rouen). Très
belle pièce.

107 La même pièce (Rouen). TB.

108 La même pièce (Rouen). TB.

109 La même pièce (Rouen). FDC. mais un peu rayée.

110 La même pièce (Rouen). Très belle pièce.

111 *Louis d'or.* LVD.XIII.D.G (étoile) FR.ET.NAV.REX.Sa tête laurée à dr.
Dessous : 1642.R⌡.CHRS.-.REGN.-.VINC.-.IMP. Croix formée de huit L
couronnées et cantonnée de quatre lis. Au centre, A (Paris) (H. 22).B.

112 *Demi-louis.* Mêmes légendes et types (Paris). (H. 24.) TB.

113 **Louis XIV** (1643-1715), *Écu d'or.* (soleil) LVDOVICVS.XIIII.D.X.G.FRA.

ET.NAVA.REX. Écu de France. R/. + CHRISTVS.REGNAT.VINCIT.ET.
IMP (cloche) 1645. Croix fleurdelisée; un point au centre (Amiens)
(H. 1). B.

114 *Louis d'or*. LVD.XIIII.D.G.(cœur) FR.ET.NAV.REX. Tête enfantine laurée
de Louis XIV à dr., les cheveux longs. Dessous : 1646. R/. CHRS.-
.REGN.-.VINC.-.IMP. Croix de 4 doubles L couronnées, A dans un
cercle au centre (Paris) (H. 12). TB.

115 *Louis d'or*. LVD.XIIII.D.G.(plant de lis) FR.ET.NAV.REX. Sa tête juvénile
laurée à dr. Dessous, 1662. R/. Le précédent (Paris) (H. 22,
variété). TB.

116 **Louis XV** (1715-1774). *Louis dit mirliton*. LVD.XV.D.G.FR.ET.NAV.REX.
Buste lauré à dr. ; dessous : (renard) 1723. R/. ✴ CHRS.REGN.VINC.IMP.
Deux L cursives enlacées, couronnées et cernées de palmes. Dessous :
A (H. 14). B.

117 Variété. Sous le buste : (cœur) 1724. Au R/. un chien au-dessus, et
la lettre T au bas (Nantes). TB.

118 *Louis dit aux lunettes*. Même légende. Buste drapé à g. ; dessous, une
ancre. R/. ✧ CHRS.REGN.VINC.IMPER.1737. Écus ovales de France et
de Navarre, surmontés d'une couronne ; dessous : & (Aix) (H· 16
var). B.

119 *Demi-louis aux lunettes*. Mêmes types. Sous le buste, un trait. Au revers
○ 1726, et au bas W (Lille). (H. 17.) B.

120 Mêmes types. Sous le buste un renard. Au revers. ✴ 1726, et au bas A
(Paris) (H. 17). TB.

121 La même pièce, datée ✴ 1731 (Paris). B.

122 **Louis XVI** (1774-1793). *Double louis*. LVD.XVI.D.G.FR.ET.NAV.REX.
Son buste nu. R/. CHRS.REGN.VINC.IMPER. (lyre) 1786. Écus carrés
de France et de Navarre, accolés surmontés d'une couronne. Dessous,
A (Paris). (H. 5). FDC.

123 *Louis*. Même droit et même revers. 1785 (Paris) (H. 6). TB.

DIVERS

124 L'ITALIE DELIVREE A MARENGO. Buste de Minerve drapé à g. avec le
casque lauré. Au bas, A.L.(A. Lavy). R/. LIBERTÉ EGALITÉ ⚜ ERIDA-
NIA ⚜ Dans une couronne de laurier : 20 | FRANCS | L'AN 9
(Millin, pl. XIV. 152). TB.

125 La même pièce, avec L'AN 10. TB.

126 **Couronnement de l'Empereur**. NAPOLEON EMPEREUR. Sa tête laurée à dr. ;
dessous : DEN.SCULP. R/. LE SENAT ET LE PEUPLE. Deux hommes

élevant l'empereur sur le pavois. Au bas : AN.XIII.Petit module, diam.13 mm., poids, 1 gr. 90 (Millin, XXXII, 83). TB.

127 **Napoléon III** (1852-1870). Pièce de 20 francs en platine doré, datée 1865 (Paris).

128 **Provence**. *Jeanne de Naples* (1343-1352). Franc à pied. IOAN.REG.PRO. FOLC.IHR.E.SICL.Type du franc à pied, champ semé de lis. R⁄. XPC. VINCIT.XPC.REGNAT.XPC.IMPERAT.Croix fleuronnée, cantonnée de 2 couronnes et 2 lis dans un quadrilobe séparé par des angles (P.A., XC.II var). AB.

129 **Orange**. *Raymond III ou IV* (1335-1340-1393). Florin. R.DI.G.P.AVRA. Grand lis épanoui. R⁄. 's.IOHANNES.B. Type de saint Jean-Baptiste, différent : un casque (P. A. 4521). TB.

130 **Lorraine**. *Henri* (1608-1624). Florin. HENRI.D.G.DUX.LOTH.MARCH.D. C.B.G. Armes de Lorraine remplissant le champ. R⁄. MONETA.AVREA. NANCEII.C. Saint Nicolas bénissant trois enfants (var. de Saulcy, XXIV, 1).

131 **Metz**. *Florin non daté*. S.STEPHA.PROTHOM. Saint Étienne debout dans un double contour elliptique. R⁄. ❀ FLORENVS CIVITIS (*sic*) METENSIS. Petit écu de Metz dans un épicycloïde orné d'ogives en dedans et d'annelets en dehors. Rare. B.

132 **Flandre**. *Louis de Mâle* (1346-1384). Chaise d'or. + LVDOVICVS.DEI GRA.COM.Z.DNS.FLAD'. Le comte assis de face sur une chaise gothique, tenant l'épée et l'écu au lion. R⁄. + XPC.VINCIT.XPC. REGNAT.XPC.IMPERAT. Croix tréflée dans un quadrilobe orné et cantonné de rosaces (Gaillard, nº 207). Très belle pièce.

133 *Philippe le Bon* (1419-1467). Tiers de lion d'or. + PHS ✕ DEI ✕ GRA ✕ DVX ✕ BVRG ✕ CO ✕ FLAND'. Lion assis à g. dans un entourage de huit cintres. R⁄. SIT ✕ NOMEN ✕ DOMINI ✕ BENEDICTVM (briquet). Écu à 7 quartiers dans un entourage de huit cintres (Deschamps de Pas., XXI, 53). Très rare. B.

134 **Brabant**. *Jeanne et Wenceslas* (1355-1383). Mouton d'or. AGN' ○ DEI ○ QVI ○ TOLI ○ PECC ○ MVDI ○ MISERERE NOB. Agneau à g. portant la croix avec bannière. Au bas : IOH.DVX. R⁄. + XPC ⁑ VINCIT ⁑ XPC ⁑ REGNAT ⁑ XPC ⁑ IMPERAT. Croix fleuronnée, cantonnée de 4 lis (de Witte, 389). TB.

135 Variété de la même pièce, avec WEN.DVX sous l'agneau. TB.

136 *Charles Quint* (1515-1555). Couronne d'or. (soleil) CARO : D : G : RO : IMP : HISP.REX.DVX.BVRG.Z.BRA. Écu des Pays-Bas couronné, accosté de 2 briquets. R⁄. (main) DA MIHI.VIRTVTE.COTRA : HOSTES.TVOS. 1550. Croix fleurdelisée, cantonnée de 2 aigles d'empire et de 2 châteaux. B.

137 Variété avec Z.B. datée 54. B.

138 **Tournai**. *Albert et Isabelle* (1598-1621). Double ducat (tour) ALBERTVS.

ET.ELISABET.DEI.GRATIA. Leurs bustes affrontés.R⁄. ARCH.AVST.DVCES. BVRG.DOM.TOR. Écu des Archiducs couronné entouré du collier de la Toison d'or (var de Heiss, CLXXXIX. 45). TB.

139 **Hollande.** *Philippe le Bon et Jacqueline de Bavière* (1425-1433). Écu d'or, dit Klinkaert. + PHS⸰DVX Ƨ BVRG'+IACOB+DVX Ƨ BA Ƨ CO Ƨ HOL'ₒ. Le duc, assis dans une chaise gothique entre les écus de Bourgogne et de Bavière, le tout dans un polylobe. R⁄. + XPC Ƨ VINCIT Ƨ XPC Ƨ REGNAT Ƨ XPC Ƨ INPERAT. Croix dans un quadrilobe (Verhande, XIII, 6)

140 **Gueldres.** *Arnaud d'Egmont* (1423-1472). Florin. S.IOHANNES.BAPTISTA (lion). Type de saint Jean-Baptiste. R⁄. ARNOLD'.GEL.Z.IVLIESIS. + DVX. Cinq écus en croix dans un quadrilobe (var. de Van der Chijs., X, 3).

141 **Utrecht.** *Rodolphe de Diepholt* (1433-1456). Florin. + MON'＊RODLP'＊ EPISC'＊TRAIET'. Écu dans un trilobe alterné d'angles. R⁄. SANCTE＊ MARTIN'＊EPIS'. Saint Martin debout de face. Or. B.

142 La même pièce, mais bas or. B.

143 *David de Bourgogne* (1457-1496). Florin. SANCTVS.MARTIN.EPIS'. Le saint assis sur une chaise gothique. A ses pieds l'écu d'Utrecht. R⁄. + MON+NOVA+AVREA.TRAIECTEN. Écu de Bourgogne à 7 quartiers dans un trilobe orné d'angles. B.

144 **Frise.** *Les États.* Ducat. CONCORDIA.RES.PAR.CRES.FRI.(lion). Chevalier debout à dr. portant le faisceau à 4 flèches, 15-86. R⁄. MO.ORNI. PROVIN.FOEDER.BEL.AD.LEG.IMP. dans un cartouche (Verkade, CXVII. 5). B.

145 **Overyssel.** *Philippe II* (1556-1598). Ducat. (Château). PHI.S DEI.GRAT+ HISPANIAR.REX. Deux bustes couronnés en regard. R⁄. DVCATVS, ORDI'I TRAN.VA.HISP. Écu couronné (H. CLXXXIV, 227). TB.

146 **Campen.** *Imitation des pièces des rois catholiques.* Double ducat. DVCA.R. P.IMP.CAMPEN.VA.FERDINANDI. Bustes affrontés de Ferdinand et d'Isabelle. Entre eux .C. R⁄. ＊SVB＊VMBRA＊ALARVM＊TVARVM＊PRO＊ Écu couronné de Castille et Léon, écartelé d'Aragon, sur l'aigle de Sicile. TB.

147 Ducat. Même lég. avec FERDINA et mêmes bustes avec C. R⁄. SVB. VMBRA.ALAR.TVAR. Écu écartelé et couronné. B.

148 **Cologne.** *Thierry II de Meurs* (1414-1463). Florin d'Andernach. THEO. ARCP'.COLO'.MO'.AN. Écu sur une croix coupant la légende. R⁄. + ˙ANO+ DNI'.M'CCCCXXXVIII. Trois écus posés en trèfle AB.

149 Florin de Bonn. THEODIC.AR.EPI.COLONI. Écu dans un entourage de 3 oves renfermant de petits écussons, séparés par des angles. R⁄. MONETA.BVINSIS (double aigle). Type de saint Jean-Baptiste. AB.

150 **Francfort-s.-Mein.** *Sigismond* (1411-1438). Florin. + SIGISMVD.RONO-RVM.REX. Globe crucigère dans un entourage de 6 lobes fleuronnés. R⁄. MONET NO'—FRACFORD'. Saint Jean-Baptiste debout. B.

151 *Frédéric Ier* (1440-1493). Florin. + FRIDRICVS○ROMANO P IMP'. Globe crucigère dans un trilobe alterné d'angles. R⸱. ✶MONETA○NO —FRANC-FORD'. Type de saint Jean-Baptiste. Au bas, un petit écu. B. mais ébréché.

152 **Carinthie.** *Charles*, archiduc d'Autriche († 1590). Florin. CAROLVS.DEI. G.ARCHI.DVX○ : L'archiduc armé, debout de face. R⸱. AVSTRIÆ.ET. CARINTHIÆ.ZC.76. Écu couronné, parti de Carinthie et d'Autriche. B.

153 **Hongrie.** *Louis Ier* (1342-1382). Florin. + LODOVICI.REX. Fleur de lis. R⸱. S.IOHANNES.B. Type de saint Jean-Baptiste (Montenuovo, 271). B.

154 Ducat. + LODOVICVS : DEI : GRACIA : REX. Écu parti de Hongrie et d'Anjou dans un entourage de 6 lobes. R⸱. S.IOHANNES.B. Type de saint Jean-Baptiste (Montenuovo, 273). B.

155 *Jean-Étienne* (1540-1564). Ducat. + IO.SECV.D.G.ELE.REX.VN.1564. Écu écartelé couronné. R⸱. + PATRONA +(châtel)+VNGARIE+ La Vierge à l'enfant Jésus assise de face. Rare. Troué.

156 **Florence.** Florin. .S.IOHANNES.B. Saint Jean-Baptiste debout (différent, un hachoir). R⸱. + FLORENTIA. Grande fleur de lis. B.

157 La même pièce. Différent, écu à la croix. B.

158 Même droit. Différent indéterminé. + FLOR.EXCHA. Même fleur de lis. B.

159 **Venise.** *André Gritti* (1523-1539). Écu d'or à la croix. +.ANDREAS. GRITI.DVX.VENETIA (lion). Croix feuillue. R⸱. +.SANCTVS.MARCVS. VENETVS. Écu au lion de saint Marc. B., troué.

160 *Paul Renier* (1779-1788). Sequin. PAVL.RAINER.DVX.-S.M.VENET. Le doge agenouillé devant saint Marc. R⸱. REGIS ISTE DVCASITT.XPE.DATO. TV. Le Christ entouré d'étoiles dans une ellipse. TB.

161 **Espagne.** *Ferdinand et Isabelle* (1474-1504). Double ducat. + FERNAN-DVS⁂ET○ELISABET○DEI GRATI. Bustes couronnés en regard. R⸱. SVB VNBRA⁂ALARVN TVAARVN. Écu couronné posé sur l'aigle de Sicile (variété de Heiss, XX, 65). B.

162 Variété avec + FERNANDVS⁂ET○ELISABE⁂DEI GRACIA⁂REX, et au R⸱. ○SVB○VNBRA○LARVN○TVARVN○P○ Double ducat (inconnu à Heiss). AB.

163 *Philippe II* (1556-1598). Écu d'or. PHILIPPVS II.DEI.GRATIA. Écu couronné, accosté de $\frac{o}{\scriptscriptstyle T}$—$\frac{\scriptscriptstyle M}{\scriptscriptstyle II}$. R⸱. + HISPANIARVM REX. Croix de Jérusalem dans un quadrilobe (manque à Heiss). B.

164 Variété. L'Écu accosté de $\frac{S}{\square}$ —II. Au revers, le quadrilobe est fleuronné à l'intérieur et est cantonné de 4 annelets. Écu d'or (Heiss, XXVIII, 2). B.

165 Le même. B.

166 *Charles III* (1759-1788). Pièce de 2 écus. CAROL..III.D.G.HISP.ET.IND.R. Son buste à dr., dessous : 1787. R⸱. IN.VTROQ.FELIX.AVSPICE.DEO. Grand écu d'Espagne couronné, avec la Toison d'or. Au bas, S—CM (H., LIV, 8, var). B.

167 Demi-écu. CAROL.III.D.G.HISP.R.1786. Buste à dr. R⁄. Sans lég. Écu rond couronné, entouré du collier de la Toison d'or accosté de M couronné - DV (H., LV. 15). B.

168 La même pièce. B.

169 *Charles IV* (1788-1808). Écu d'or. CAROL.IIII.D.G.HISP.ET.IND.R. Buste à dr., 1792. R⁄. IN.UTROQ.FELIX.A.D. Écu royal couronné, avec le collier, accosté de I—S. Au bas, M couronné MF (H. LVIII, 5). B.

170 *Ferdinand VII* (1808-1833). Pièce de 2 écus. FERDIN.VII.D.G.HISP.ET IND.R. Buste lauré en uniforme à dr. Dessous. 1814. R⁄. IN.UTROQ. FELIX AVSPICE.DEO. Grand écu d'Espagne couronné avec le collier. Au bas, M couronné, GJ. (H. LXIV, 27 var.). B.

171 **Portugal.** *Jean II* (1481-1495). Cruzade. + IOANIS.SECVNDO : DEI : GRACIA. Écu de Portugal couronné dans un épicycloïde. R⁄. + IOANIS.SECVNDVS : DEI : GRAC. Croix de saint Georges dans un quadrilobe avec 4 angles alternés (var. de Aragao, XIII. TB.

172 *Jean III* (1521-1557). Cruzade. .IOANES : III.R : PORTVGALI. Écu couronné entre L—R. R⁄. ᐧIN ᐧHOC ᐧSIGNO ᐧVINCEES. Croix de saint Georges (var. de Aragao, XV. 5). B.

173 Demi-saint Vincent d'or. IOANES : III : R : PORTV. Écu couronné. R⁄. Y ZELATOR : FIDEIYS : QVE A. Saint Vincent à dr., tenant une palme et un navire (Aragao, XV, 7, var). B.

174 **Angleterre.** *Henry V* 1/4 de noble d'or. + HENRIC- +REX' +S +FRAN. Écu écartelé de France et d'Angleterre, sommé d'un lis dans un polylobe R⁄. EXALTABITVR×IN×GLORIA. Croix fleuronnée, cantonnée de 4 léopards dans une rosace. B.

175 *Henri VI* (1422-1471). 1/2 noble d'or. HENRIC' (lis) DI'∴GRA'∴REX∴. ANGL'∴Z∴FRAN∴. Le roi couronné et armé, tenant une épée et l'écu écartelé de France et d'Angleterre, dans un navire. R⁄. (lis) DOMINE× NE◦IN◦FVRORE◦TVO◦ARGVAS◦ME. Croix fleuronnée, cantonnée de léopards couronnés, dans une rosace, frappé à Calais. B.

176 1/4 de noble d'or. (lis) HENRIC' (lis) DI'∴GRA'∴REX∴ANGL. Écu écartelé de France et d'Angleterre dans un polylobe. R⁄. (lis) EXALTABITVR*IN◦ GLORIA. Croix fleuronnée cantonnée de quatre léopards dans une rosace. B.

177 *Jacques I*ᵉʳ (1603-1625). 'Britain crown'. IACOBVS.D.G.MAG : BRIT.FRAN. ET.HI.REX. Buste couronné à dr. R⁄. HENRICVS.ROSAS.REGINA (*sic*) IACOBV. Écu écartelé de France, Angleterre, Écosse et Irlande, couronné. Au-dessus I—R.

178 *Charles I*ᵉʳ (1625-1647). 'Unite'. CAROLVS.D : G : MAG : BRI.FR : ET.HI : REX. Son buste couronné à g. avec le manteau royal ; derrière : XX. R⁄. (lis) FLORENT.CONCORDIA.REGNA. Grand écu d'Angleterre couronné, sur un cartouche (ébréché au sommet).

JETONS DU MOYEN AGE

179 **Jetons banaux**. Types à la couronne, au châtel, au dauphin, à l'agnel,
au lis, à l'écu de France, au roi debout, etc. Jetons de Tournai, de
Flandre, etc. Cuiv. rouge et cuiv. jaune. — Ensemble 116 pièces
variées. B. Plusieurs rares.

180 **Jetons des Lombards**. Croix sur un emblème, fleur de lis, tête de
More, croix formée de jambages, quadrupède, écus, châtel tournois,
monogramme, etc. — *Poids de l'agnel*, la salutation angélique. Cuiv.
rouge et cuiv. jaune, 41 pièces variées.

181 **Méreaux religieux**. *Arras*, chiffre III. — *Cambrai*, chiffre VI. —
Clermont, Saint-Genès, 1656. — *Perpignan*, Saint-Pierre. R⁄. Trois
poissons et 12 bractéates. — *Reims*. Grand ʀ gothique, 5 variétés
rares et 1 méreau obituaire. — *Saint-Pol*, 2 p. — *Valenciennes*,
chiffre II. Cuiv. rouge et cuiv. jaune, 25 p.

182 **Méreaux de pèlerinages**. S. I. Saint Jacques de Compostelle entre deux
coquilles. R⁄. La Vierge avec l'enfant Jésus qui tient une scie, assise
sur le mont Serrat. 1602. Cuiv. jaune, petit jeton très rare. —Pèlerin
entre deux coquilles. R⁄. Besace et bourdon en pal entre deux
coquilles. Cuiv. Beau et rare. — Ensemble 2 p.

ROIS ET REINES DE FRANCE

183 *Marie de Brabant* (1274-1321). Écu aux trois lis entouré de points. R⁄.
Écu au lion contourné dans un cercle de points. Cuiv. rouge. Rare.

184 *Jeanne d'Évreux* (1325-1370). + DE CEVS EN EST A LA FIN A. Buste de la
reine de face entre deux lis. R⁄. + PAR AMOVS SVI DONES AM. Croix
fleurdelisée dans un quadrilobe orné. Cuiv. rouge. B. Rare.

185 *Jeanne de Bourgogne* (1328-1348) + CETS-NARE-ETCAR. Écu au semé de
France, parti de Bourgogne ancien. R⁄. + GETES COVNTES SOVMES.
Croix fleurdelisée dans un quadrilobe. Cuiv. jaune.

186 *Isabeau de Bavière*. Écu de Bavière-Palatin. R⁄. Globe. — *Yolande* VDS.
R⁄. Buste barbu. — *François I*ᵉʳ. Écu en triangle. R⁄. Salamandre.
— Ensemble 3 p. cuiv.

187 *Henri II*, dauphin. Écu à 16 quartiers. R⁄. VT. NEQVEANT, etc. Arc et
flèches. Cuiv. rouge. Rare. — Henri II, roi, 1553, 1554, et 2 p. sans
date. Cuiv. rouge et cuiv. jaune. — Ensemble 5 p.

188 *Catherine de Médicis.* Écu parti. ℞. 1558. Arc-en-ciel. Cuiv. jaune. —
MATER DEI MEMENTO MEI. Trois croissants. Cuiv. rouge. — *Charles IX.*
17 pièces variées. — *Henri III*, 14 pièces variées. Cuiv. jaune et cuiv.
rouge. — Ensemble 32 p. Plusieurs rares.

189 *Louise de Vaudémont.* Écu parti. ℞. Deux plumes d'autruche. 1576.
Cuiv. rouge. B. — *Henri IV*, 25 pièces variées. — *Marie de Médicis*,
1614. — *Louis XIII*, 59 pièces variées. Cuiv. rouge et cuiv. jaune.
— Ensemble 86 p.

190 *Anne d'Autriche*, 10 p. — *Louis XIII et Louis XIV*, 2 p. — *Louis XIV*,
226 p. — *Louis XIV et Marie-Thérèse*, 40 p. — *Marie-Thérèse*, 11 p.
— *Louis XV et le Régent*, 1 p. — Ensemble 290 p. variées. Cuiv. rouge
et cuiv. jaune.

191 *Louis XV*, 1 p. argent et 24 cuiv. — *Louis XVI*, 18 p. cuiv. — *Jetons
de Nurenberg* aux types royaux, 23 p. — Ensemble 1 p. argent et
65 p. cuiv. rouge et cuiv. jaune, variées.

ADMINISTRATIONS

192 **Chambre aux deniers.** *Pierre de Berne.* + GIETOIRS . PIERE . DE. Couronne
sur un lis entre deux clefs. ℞. Croix fleurdelisée dans un quadrilobe
cantonné de BE-R-N-E. Cuivre. B. mais troué. — *Henri IV*, 1 p. —
Louis XIV, 15 p. — *Louis XV*, 4 p. — Ensemble 21 p. cuiv. rouge
et cuiv. jaune, variées.

193 **Bâtiments du roi.** *Louis XIV*, 29 p. — *Louis XV*, UTRIQUE INTENTA.
1757. Pallas. Argent, et 2 p. cuiv. — Ensemble, 1 p. arg., 31 p.
cuiv. rouge et jaune, variées.

194 *Cent Suisses.* F. BESSON, etc. Écu. ℞. Drapeau des Cent Suisses, 1665.
Cuiv. — *Chasses royales.* Le roi courant le cerf, 1671. Cuiv. — *Chan-
cellerie*, 1629 et 1636, 3 p. cuiv. — *Secrétaires du roi.* DUCEM
REGEMQVE SEQUUNTUR, 1731. Abeilles. Arg. TB. — Ensemble, 1 p.
arg., 5 p. cuiv. rouge et jaune.

195 **Conseil du roi.** *Henri II*, 1 p. cuiv. — *Henri III*, 1 p. cuiv. —
Louis XIII, 6 p. cuiv. — *Louis XIV.* COLLIGIT . VT . SPARGAT. 1656.
Bassin. Arg. et 20 p. cuiv. variées. — *Huissiers ordinaires du Roi.*
1651. 2 p. cuiv. — Ensemble, 1 p. argent, 30 p. cuiv. rouge et cuiv.
jaune.

196 **Trésor royal.** Lis et clef en pal. ℞. Croix pattée. 3 p. cuiv. variées. —
Écu. ℞. 4 clefs, cuiv. jaune. — Écu. ℞. croix, cuiv. rouge. —
Louis XIV, 1677 et 1694. Arg. et 16 p. cuiv. variées. — *Louis XV*,

1726. Arg. et 12 p. cuiv. variées. — Ensemble 3 p. arg., 33 p. cuiv. rouge et jaune.

197 *Les cinq grosses fermes*, 1639. Cuiv. — *Revenus casuels*. HÆC VIRES IACTURA NOVAT. 1686. Cerf ; argent et 7 p. cuiv. variées. — *Parties casuelles*. Louis XIV, 9 p. cuiv. et Louis XV, 6 p. cuiv. — *Domaines du roi*, 1674 et 1677, 3 p. cuiv. — *Deniers revenans bons*. 1658. 1 p. cuiv. — Ensemble, 1 p. arg., 27 p. cuiv. rouge et jaune.

198 **Chambre des Comptes.** Anépigraphes, 2 p. cuiv. — Jetons du moyen âge, 13 p. cuiv. variées. — *François I*er, 1 p. cuiv. — *Henri II*, 6 p. cuiv. — *François II*, 3 p. cuiv. — *Charles IX*, 5 p. cuiv. — *Henri III*, 4 p. cuiv. — *Henri IV*, 4 p. cuiv. — *Cour des Monnaies*. Écu. R⁄. Balance, 2 p. cuiv. — *Charles IX*, 2 p. cuiv. — *Henri IV*, 1 p. cuiv. — *J. Poitevin*. Son écu, cuiv. rouge. — *André Hac*. Trois perroquets, 3 p. cuiv. — Ensemble 47 p. cuiv. rouge et cuiv. jaune.

199 **Ordinaire des guerres.** *Louis XIII*, 2 p. cuiv. — *Louis XIV*. NVLLÆ. CÆLESTIBVS. IRÆ. 1653. Aigle, 2 p. arg. et 9 p. cuiv. variées. — *Louis XV*. DVM.AD.PRŒLIA.SVRGAT. 1755. Cheval couché, arg. — DISCITE IVSTITIAM. 1757. Chute des Titans. Arg. et 4 p. cuiv. — Ensemble 4 p. arg. et 15 p. cuiv. rouge et jaune.

200 **Extraordinaire des guerres.** *Louis XIII*, 1 p. cuiv. — *Louis XIV*, 15 p. cuiv. variées. — *Louis XV*, 1 p. arg. 1750 et 1 p. cuiv. — Ensemble 1 p. arg., 17 p. cuiv. rouge et jaune.

201 *Louis XV*. VELOX ARTE NOVA. 1756. Pégase. Argent. — HOC. CVSTODE SECVRA. 1765. Mars et la Paix. Argent. — Ensemble, 2 p. TB.

202 INVIA NVLLA VIA EST. 1770. Lions. Argent. — *Louis XVI*. DONEC TVBA SVRGERE COGAT. 1774. Guerrier au repos. Argent. — Ensemble 2 p. T.B.

203 *Trésorerie des Guerres*, 7 p. cuiv. — *Suisses et Grisons*, 1 p. cuiv. — *Artillerie*, 3 p. cuiv. — *Marine*. Louis de Vermandois, 1672, 1680, 2 p. cuiv. Louis XIV et Louis XV, 2 p. cuiv. — *Galères*. Louis XIV, 3 p. cuiv. Louis de Vendôme, 1 p. cuiv. Louis XV, 1 p. cuiv. — Ensemble 20 p. cuiv. rouge et cuiv. jaune.

204 **Ponts et Chaussées.** Louis XIII, 1632. Femme à genoux. Cuiv. rouge. Louis XIV. NOVVM DECVS ADDIDIT VRBI. Pont. Argent, 4 p. et cuiv. jaune, 1 p. TB. — Ensemble 4 p. arg., 2 p. cuiv.

205 **Colonies de l'Amérique.** *Louis XV*. 1751. Sauvage debout. — 1753. Le navire Argo. — 1756. Essaim. — Ensemble 3 p. cuiv. rouge.

PERSONNAGES

206 *Antoine de Bourbon.* ANTOINE DVC DE VENDOSMOYS. Écu couronné entouré
du collier. Ɍ. PER DE FRANCE CONTE DE MARLE. S. Loup debout à g.
Cuiv. jaune. TB. Rare.

207 *Charles, cardinal de Bourbon.* Son écu. Ɍ. Olivier. Cuiv. jaune. —
François d'Alençon. Soleil. Cuiv. jaune. - *Le duc du Maine.* Ɍ. *Le
comte de Toulouse.* Cuiv. rouge. — *Anne-Marie-Christine,* 1781.
Cuiv. rouge. — Ensemble 4 p. cuiv.

208 *Rostaing et Hurault.* Quatre bustes, 1582-1595. Grand jeton cuiv. —
Arnaud d'Andilly. Chiens nageant. Cuiv. — *Le Cardinal de Richelieu,*
5 p. cuiv. — *S. de Mauroy.* Aigle, 1641. Grand jeton cuiv. —
N. Jeannin de Castille, 1648. Cuiv. — Ensemble 9 p. cuiv.

209 *Sainctot* et son épouse. Cuiv. — *Galland de Beausablon,* 1654. Cuiv. —
Le Cardinal Barberini, 1656. Cuiv. TB. — *Le duc de Sully.* Buste. Ɍ.
Écu, 2 p. cuiv. — *Le duc de la Meilleraye.* Cuiv. troué. — Ensemble
6 p. cuiv.

210 *Chamillart.* Son écu avec celui de Le Rebours, 1701. Arg. Refrappe. —
Son écu seul, 1705, Cuiv. rouge. — *Antoine Clergé,* 1706. Cuiv.
jaune. — *Auvellier,* conseiller du roi. Son écu. Armes dans le champ.
1712. Cuiv. rouge. — Ensemble 1 p. arg., 3 p. cuiv.

211 *N. Desmaretz.* Buste. Ɍ. Écu. 1712. Cuiv. jaune. — Procureurs de la
cour. La Justice. Ɍ. Écu tenu par deux lions. Cuiv. — *Posuel de
Verneaux.* La Justice. Cuiv. — *Cosme III de Valbelle.* La Fortune. 1723.
Cuiv. — *Mᵐᵉ de Pompadour.* Écu. Ɍ. Monogramme. Arg. octogone.
Refrappe. — Ensemble, 1 p. arg., 4 p. cuiv.

212 *De Croy.* 1532. Écus. — 1592. Vaisseau. 2 p. cuiv. — *Brouckhoven.*
1697. Cuiv. — *États d'Utrecht.* 1596. Cuiv. — *Charles II d'Espagne.* Deux
mains. Cuiv. rouge. — *Jetons de jeu :* Annibal, Scipion, Marcellus,
Scipion et Lélius, 4 p. argent, grand module. — *Paix d'Aix-la-
Chapelle.* La Paix. Ɍ. Mars. Arg. — *Mariage du Dauphin* avec Marie-
Antoinette, 1770. Argent, grand mod. — Ensemble 6 p. arg., 5 p.
cuiv.

PARIS

213 *Jetons banaux.* Écu en losange. Ɍ. Navire. 7 p. cuiv. — *Hôtel de l'ille.*
Écu. Ɍ. Croix de 4 sceptres. Cuiv. — 1588 dans une couronne. Cuiv.

— Louis XIV. Vaisseau, 1694. Arg. et cuiv. — Le Pont-Neuf. Arg. et 9 p. cuiv. variées. — Louis XV, id. Cuiv. — *Élection de Paris.* Louis XIV. Cuiv. — Ensemble 2 p. arg., 21 p. cuiv.

214 *Syndics des rentes.* Louis XIV, 1707. Argent. — *Préfecture de la Seine.* Aigle. ℞. Dieu du fleuve et ruche, An XIII. Arg. grand mod. — *Cour de justice.* 1665. Cuiv. — *Huissiers commissaires-priseurs.* Louis XV. Cuiv. — *Syndics suivant la Cour.* Louis XV. 1737. Argent TB. — Ensemble 3 p. arg., 2 p. cuiv.

215 *Bourse commune des Procureurs.* Louis XV. ℞. ET IN MEDIUM QUÆSITA REPONUNT. Ruche. Argent. TB. Rare.

216 *Prévôts des Marchands.* 1609 à 1693, 19 p. cuiv. jaune et rouge variées.

217 J. Bignon, 1709; de Castagnère, 1721; de Bernage, 1734; Pontcarré de Viarmes, 1760; A. J. Bignon, 1766. — Ensemble 5 p. argent. TB.

218 *Échevins,* 1643.1645.1660. 4 p. cuiv. — *Receveurs des pauvres,* 12 p. variées cuiv. — Ensemble 16 p. cuiv.

219 **Confréries religieuses.** *Notre-Dame aux Bourgeois.* 1612. Buste du Christ. Cuiv. rouge. — *Marguilliers de Saint-Merry.* Louis XV. ℞. 1754. Attributs pontificaux et épiscopaux sur des palmes. Argent TB. — Ens. 1 p. arg , 1 p. cuiv.

220 **Corporations.** *Les 6 corps réunis.* Hommes soutenant un globe. ℞. Ruche, 2 p. cuiv. rouge et jaune. — *Contrôleurs des bois à bâtir.* Louis XV. ℞. 1732. Pallas. Argent, octogone. — Ensemble, 1 p. arg., 2 p. cuiv.

221 *Contrôleurs de la meule de foin.* Louis XV. 1731. Cuiv. rouge, troué. — *Corroyeurs,* porteurs de la châsse de Saint-Merri. Louis XVI. 1733. Cuiv. jaune, 2 p. — *Drapiers.* Écu. ℞. Vaisseau. Cuiv. rouge. — Ensemble 4 p. cuiv.

222 *Marchands Fripiers.* LUD.XVI.REX.CHRISTIANISS., la tête à gauche. ℞. CLEMENTIA AMOR FLAMEN. Exergue : COMMUNAUTE DES MARCHANDS FRIPIERS. 1762. Le Christ tenant sa croix assis sur les nuages, en face du Père et du Saint-Esprit. Argent. TB. Troué. Très rare.

223 *Merciers.* Saint Louis. 1641.1645.1682. 3 p. cuiv. — *Pêcheurs au filet ?* CHARLES LE CLERC. 1742. Cuiv. 2 p. — *Racoleurs,* 2 p. cuiv. — *Marchands de vins.* 1691, 2 p. — Type de Saint Nicolas. ℞. Écu du duc du Maine. Cuiv. Rare. — *Cabaretiers.* XXV.MER.I.REGII.GANIMEDES. 1650. ℞. Emmaüs. Cuiv. rouge. Rare. — Ensemble 11 p. cuiv.

224 **Université.** Tête de Minerve. ℞. COMMISSION DES LIVRES. Argent, grand module. — *Grands messagers.* Charlemagne. 1657.1677.1699. Cuiv. 5 p. variées. — *Chefs d'institution.* Buste de Charlemagne. Argent. octogone, grand. — Ensemble 2 p. arg., 5 p. cuiv.

225 **Faculté de médecine.** *J. B. Chomel,* 1738.1739.1740. — *E. C. de Vilars,* 1741.1742.— *J.-B.-T. Martinencq,* 1746.1747.1748.— *J.-L. Alleaume,* 1747-1775. Cuiv. rouge, 4 p. B.

226 *J.-C. des Essarts.* Buste à gauche. R⁄. lisse. Argent. B.

227 **Divers.** *Académie des Sciences.* Louis XVI. R⁄. INVENIT ET PERFICIT. Pallas. Argent. B. — *Académie de peinture et de sculpture.* Louis XVI. Métal de cloche, grand module, 2 p. — *Société d'Agriculture.* Louis XVI. 1789. Argent. TB. Ensemble 2 p. arg., 2 p. cuiv.

228 *Caisse d'Escompte.* 1776. Caducée dans une couronne. Variété : caducée entre deux cornes d'abondance. Argent, octogone, 2 p. — 1797. Coq. Cuiv. rouge. — Ensemble 2 p. arg., 1 p. cuiv.

229 *Société générale de crédit.* 1859. Argent, octogone, grand module. TB. — *Compagnie du Soleil.* Louis-Philippe et Napoléon III. Arg., octogone, 2 p. B. — *Pharmaciens.* 1824. Arg. petit mod., 2 p. — *Société d'Archéologie.* Arcisse de Caumont. 1873. Argent, grand module. — Ensemble 6 p. arg.

PROVINCES ET VILLES

230 *Angers.* Louis XIV et Louis XV. ASSIDVIS CONSILIIS, 2 p. cuiv. — Maires : Eslye, Cupil, Lézineau, Poullain, Jallet. 5 p. cuiv. — Ensemble 7 p. cuiv.

231 *Les États d'Artois.* Louis XIV et Louis XV, 8 p. cuiv. rouge et jaune, variées.

232 *Bar-le-Duc.* 7. p. cuiv. variées. — *Beaune.* Jean Bérardier, E. de la Mare, P. Gillet. 3 p. cuiv. — Ensemble 10 p. cuiv.

233 *Besançon.* Ferdinand II. R⁄. VESONTIO. Écu de la ville, entouré des 7 écus des Bannières. Cuiv. rouge TB. — Henri, co-gouverneur. 1666. Cuiv. rouge. — *Blois.* Henri IV. Cuiv. jaune TB. — Ensemble 3 p. cuiv.

234 *Bourges.* Henri IV. 1608. P. d'Hardivilliers, 1643 ; La Rochefoucault, 1729 ; Phelypeaux, 1759. — Ensemble 4 p. cuiv.

235 *Ducs de Bourgogne.* Briquet dans 7 cercles. Cuiv. jaune. — Grand briquet sur des branches. Cuiv. jaune. — Champ écartelé. Cuiv. rouge. — Ensemble 3 p. cuiv.

236 *États de Bourgogne.* 31 p. cuiv. jaune et cuiv. rouge variées. — *Élus des États.* Labotte, Chartraire, L. de Vienne, N. Chaugy, de Thyard, 5 p. cuiv. — Ensemble 36 p. cuiv.

237 *États de Bretagne.* Louis XV. 1717.1732. Louis XVI. 1778, 3 p. arg. *Cambrai.* Louis XVI. Cuiv. jaune. — Ensemble 3 p. arg., 1 p. cuiv.

238 *Châlons-sur-Marne.* Henri IV. R⁄. CATHALAVNENSIS. FIDES MONVMENTVM. Instruments monétaires. Au bas : AAAFF. 1591. Argent, grand module. TB.

239 Louis XV. Écu de Châlons. Arg. TB. — Société d'agriculture, an VI.
Cuiv. rouge. — Autre, argent octog. TB. — *Clermont-Ferrand.*
J. d'Estaing. 1619. Cuiv. rouge. — Massillon. 1719. Cuiv. rouge. —
Ensemble 2 p. arg., 3 p. cuiv.

240 *Dijon.* Chambre des Comptes. SOLI DEO GLORIA. Grand F entre deux lis.
Cuiv. rouge. — Louis XIV. 1648. Cuiv. — Parlement. 1645. Cuiv.
rouge. Ensemble 3 p. cuiv.

241 *Maires de Dijon.* 1600 à 1667. 20 pièces variées, cuiv. jaune et cuiv.
rouge.

242 — 1675 à 1778, 24 pièces variées, cuiv. rouge.

243 *Dunkerque.* Louis XIV. Cuiv. rouge. — *Épernay.* Bibliothèque. Cuiv.
rouge, octogone. — *États du Languedoc.* Louis XIV. SECVRA QVIESCIT.
1700. Argent, et 2 p. cuiv. variées. — Ensemble 1 p. arg., 4 p. cuiv.

244 Louis XV. 1762 et 1771. 2 p. arg. — *États de Lille.* Louis XIV et
Marie-Thérèse, 1667. Cuiv. jaune. — Ensemble 2 p. arg., 1 p. cuiv.

245 Louis XIV. 1677.1713. Louis XV. 1737. 3 p. cuiv. — Chemin de
fer du Nord. 1846. Cuiv. — *Lorient.* Louis XVI. Compagnie des
Indes. 1785. Écu entre deux sauvages. Argent, octogone. Grand
module. — Ensemble 1 p. arg., 4 p. cuiv.

246 *Lorraine.* Charles III. 7 p. cuiv. variées. — Claude de France. 1 p. cuiv.
— Charles IV. 2 p. cuiv. — Elisabeth-Charlotte d'Orléans. 1714.
1 p. cuiv. jaune, grand module. — Ensemble 11 p. cuiv.

247 *Lyon.* Maires et Échevins. 14 p. cuiv. variées, plusieurs rares.

248 — Agents de change. Buste de Bonaparte à droite. 1803. Argent, grand
module, 2 p. TB.

249 *Mantes.* 2 p. cuiv. — *Meaux.* Louis XIV. 1642. M gothique. Cuiv. jaune.
— Louis XVI. BAILLAGE PRESIDIAL DE MEAUX. Argent TB. — Jetons
satiriques, 2 p. cuiv. — Ensemble 1 p. arg., 5 p. cuiv.

250 *Metz.* Bérard, 1678; de Rissan, 1703; Caumartin, 1754. 3 p. cuiv. —
Nancy. 9 p. cuiv. rouge et jaune variées. — Le duc de Fleury. Son
écu. Cuiv. rouge. TB. — Ensemble 13 p. cuiv.

251 *Nantes.* Maires, 3 p. variées. Cuiv. — Jetons de 1831. Cuiv. — *Nevers.*
8 p. cuiv. variées. — *Orléans.* Maison commune, 1608, et Louis XIII,
2 p. cuiv. — Ponts et chaussées, 1647. Cuiv. — Communauté des
marchands. 4 p. variées. Cuiv. — *Péronne.* 1656. Cuiv. — *Pont-à-
Mousson.* Henri de Lorraine. 1584. Cuiv. B. Rare. — *Provins.* 1843.
Cuiv. — Ensemble 22 p. cuiv.

252 *Reims.* Sacre de Louis XV. 1722. Arg. petit module et cuiv. grand
module. B. — Louis XVI. 1775. Argent, 2 p. B. — Cardinal de la
Roche-Aymon. 1762. Cuiv. B. — Arquebusiers. 1707. 3 p. cuiv. B.
— Ensemble 3 p. arg., 5 p. cuiv.

253 — Chambre des Notaires. 1824. Arg. TB. — Académie de Reims.

1841. Cuiv. rouge, octogone. TB. — Assurances rémoises. 1879. Argent, grand module. TB. — Ensemble 2 p. arg., 1 p. cuiv.

254 *Riom*. M. de Combe. 1693. 2 p. cuiv. B. — *La Rochelle*. Intendants. 3 p. cuiv. — *Rouen*. Généralité. 1660. Cuiv. — Chambre de commerce. 1712. Cuiv. — Chambre d'assurances. Louis XVI. Arg. B. — *Sedan*. Louis XIII. Cuiv. jaune. — *Strasbourg*. Entrée de l'Impératrice. 1810. Cuiv. grand module. Ensemble 1 p. arg., 9 p. cuiv.

255 *Tours*. Chaloppin, 1587 ; Gaultier, 1620-21 ; Morin, 1631 ; Catinal, 1633-34. 4 p. cuiv. — Société archéologique de Touraine, 1841. Arg. — Ensemble 1 p. arg., 4 p. cuiv.

256 *Troyes*. Notaires. 1807. Arg. TB. — Id. 1825. Argent, octogone. TB. — Ensemble 2 p. arg.

257 — Chambre des Avoués. 1830. Argent, octogone. TB. — Arquebuse. Louis XVI. Arg. TB. — Prix de sculpture. A. Simart. 1833. Cuiv. grand module. B. — *Vitry-le-François*. Abeille. Cuiv. rouge, octogone. B. — Ensemble 2 p. arg., 2 p. cuiv.

JETONS POPULAIRES

258 *Jetons d'amour*. 1 p. arg. et 8 p. cuiv. variées.

259 *Jetons de compte*. 6 p. cuiv. — *Jetons historiques*. 6 p. cuiv. — *Jetons mythologiques*. 6 p. cuiv. — *Jetons bibliques et religieux*. 7 p. cuiv. — Ensemble 25 p. cuiv. rouge et cuiv. jaune.

260 — S.GEORGIVS EQVITVM PATRONVS. Saint Georges à cheval, terrassant le dragon. R⫯. CHRISTI FIRMA COLVMNA.CX. Saint Hubert agenouillé entre un cerf et un cheval. OR. — Insigne en losange au type de Saint Georges. Cuiv. jaune, grand module. — Ensemble 1 p. or, 1 p. cuiv.

261 *Almanachs métalliques*. 1777 et 1779. 2 p. cuiv. grand mod. — *Jetons satiriques protestants*. 11 p. variées. — Ensemble 13 p. cuiv.

JETONS ET INSIGNES MAÇONNIQUES

262 Sans désignation de ville : 1 p. octogone argent avec ruban, 2 insignes triangulaires cuiv., et 4 p. variées cuiv. — Ensemble 1 p. arg., 6 p. cuiv.

263 *Paris.* ☐ Saint Antoine du Parfait Contentement. 5785. Arg. TB. — Disciples de Saint-Vincent-de-Paul. 5820. Arg. TB. — et 2 p. cuiv. — Ensemble 2 p. arg., 2 p. cuiv.

264 *Château-Thierry.* Loge Jean de La Fontaine. Cuiv. — *Provins.* L. Heureuse alliance. 5782 ; rose. Arg. TB. et cuiv. TB. — Ensemble 1 p. arg., 2 p. cuiv.

265 *Reims.* Insigne avec anneau. Sincérité o. de Reims. 5804. Argent. — Loge de la Sincérité. 5804. Arg. 3 p. B. — Triple union. 5812. Arg. TB. — *Troyes.* Union fraternelle. 5850. Cuiv. B. — Ensemble 5 p. arg., 1 p. cuiv.

266 *Bruxelles.* Brevet original de franc-maçon sur parchemin, avec cachets en parfait état. 5783. Sautoir en soie moirée bleue avec broderie métallique, et insigne triangulaire en argent doré et émaillé, orné de pierres serties avec anneau et ruban rouge et noir.

267 **Divers.** Grand lot de jetons divers à diviser.

MACON, PROTAT FRERES, IMPRIMEURS.

ÉTIENNE BOURGEY

19, RUE DROUOT (TÉLÉPHONE 274-64)

PARIS

Achat au comptant, et quelle qu'en soit l'importance, de trouvailles et collections de monnaies anciennes, jetons, médailles, etc.

Achat et vente d'antiquités romaines, gallo-romaines, grecques et égyptiennes, bronzes, statuettes, bijoux, etc.

MM. les Amateurs auront intérêt, avant de se défaire de leur collection, à la présenter à M. Étienne BOURGEY, qui fera toujours son possible pour donner un prix supérieur au prix déjà offert par les autres acheteurs.

Rédaction de catalogues, direction de ventes publiques, expertises.

MACON, PROTAT FRÈRES, IMPRIMEURS.

www.ingramcontent.com/pod-product-compliance
Ingram Content Group UK Ltd.
Pitfield, Milton Keynes, MK11 3LW, UK
UKHW031722170726
13836UKWH00001B/379